23

AI WEIWEI

Manifiesto sin fronteras

TASCABILI

⋈ altamarea

Primera edición en esta colección: febrero de 2025
Título original: *Manifest ohne Grenzen*

© Kursbuch Kulturstiftung gGmbH, Hamburg, 2019
With the agreement of The Berlin Agency, represented by
A.C.E.R. Agencia Literaria (Madrid)
All rights reserved
© de la presente edición: Altamarea Edición de Libros SL
altamarea.es
altamarea@altamarea.es
© de la traducción: Daniel Esteban Sanzol
Imagen pp. 76-77: Fotograma de *Marea humana* (Ai Weiwei, 2017)

Diseño de la colección: Sara Maroto Hebrero
Corrección: Gabriel Delgado González

ISBN: 978-84-10435-08-7
DL: M-766-2025

Esta obra ha recibido
una ayuda a la edición del
Ministerio de Cultura y Deporte

Lectura infinita
#pactoporlalectura

Impreso en España por Estugraf en enero de 2025

AI WEIWEI

Manifiesto sin fronteras

Traducción de
Daniel Esteban Sanzol

Prefacio: ¿Por qué escribo estas líneas?

A lo largo de mi vida, he concedido multitud de entrevistas, tal vez cientos. Sin embargo, esa clase de conversaciones del tipo pregunta-respuesta suelen adoptar un carácter fragmentario y aludir a situaciones concretas y puntuales. Son siempre meros trocitos del mundo fáctico.

Un libro, por el contrario, nos da la posibilidad de dar vueltas y más vueltas en torno a los pensamientos, de presentarlos en su íntegra complejidad. Precisamente por eso, me gustaría invitar a mis lectores a presenciar, a ser testigos del modo en que surgen tales pensamientos y se acaban transformando en acciones. Dar visibilidad a este proceso es muy importante para mí.

En ausencia de pensamientos, soy una página en blanco —al menos, en ese instante—. Esto significa que mi Yo actual no existe (todavía).

Por consiguiente, me veo obligado, en primer lugar y por encima de todo, a buscarme a mí mismo. Y, acto seguido —suponiendo que me haya encontrado—, a contarle al lector «quién» soy.

¿Cómo he conseguido hallarme? A través de una senda que atañe a otras personas, a cierto interés por ellas.

Por medio de *Marea humana,* me propuse crear una película en torno a los flujos migratorios de personas refugiadas que existen en todo el mundo.

Este trabajo ha ejercido sobre mí una profunda influencia, a pesar de que en mi obra más temprana ya me había aproximado a ciertos aspectos de la llamada «cuestión de los refugiados». De hecho, también me gustaría decir algunas palabras a este respecto.

En el fondo, «todos» los seres humanos asumimos un papel en este cosmos-refugio en la medida en que o bien fuimos refugiados en algún otro momento del pasado u «obligamos» a otros a refugiarse. Somos, a un tiempo, víctimas y victimarios.

Este vínculo resulta incuestionable. ¿O acaso el drama de los refugiados no es sino el resultado de lo mucho que ignoramos sobre nosotros mismos, unido a cierto sentimiento de superioridad?

Suponer cándidamente que somos distintos de esos pobres refugiados es parte de esa catástrofe.

He aquí otro motivo por el que me gustaría que este libro estimulara mis divagaciones: ¿qué cabe afirmar sobre las relaciones entre personas concretas, tanto si son «nativas» como refugiadas?

La humanidad no tiene nada de abstracto. Se vuelve algo patente y tangible en el preciso momento en que se esfuma.

En cualquier lugar del globo hay personas maltratadas. Y, a través de ellas, todo el mundo carga con su propia herida.

Así pues, tenemos entre las manos el corazón de un relato cuyas prolongaciones me superan con creces.

I. Mi origen

El recuerdo más antiguo que conservo es una frase de mi padre: «Tenemos que irnos más lejos». Por aquel entonces, ya vivíamos en un lugar muy remoto: en los confines del oeste de China.

El año en que vine al mundo, mi padre —y también poeta—, Ai Qing, fue encarcelado en virtud de un proceso de purga política conocido por el nombre de «movimiento antiderechista» que lo obligó a exiliarse. Así, fue forzado a abandonar Pekín y le prohibieron escribir una sola palabra más en los veinte años siguientes.

La región del país a la que nos deportaron se encuentra habitada, en su mayoría, por uigures. Cierto día, escuché esta frase: «Nos tenemos que marchar. Y cuanto antes». Había que alejarse más; afrontar aún más incertidumbre. Y eso que ya no teníamos nada, ni tan siquiera un lecho.

Lo único que pudimos llevarnos durante aquel traslado (de nuevo) indeseado fueron unas cuantas sábanas y algo de carbón. Presentíamos que nuestro nuevo destino sería un lugar muy frío y nos preocupaba que no hubiera nada con lo que calentarnos. Recuerdo haberme sentado en lo alto de la pila de carbón, encaramado a la furgoneta.

En el fondo, en eso consiste vernos obligados a abandonar un lugar que, pese a toda su extrañeza e inhospitabilidad, ya se nos ha vuelto familiar. Vernos forzados a seguir avanzando hacia la incertidumbre. Carecer de todo, o de casi todo. Tener un camino, pero no una escapatoria.

Sería algo así como no estar por completo, como existir a medias.

Cuando un ser humano no dispone de nada que pueda llamar propio, no tiene nada de lo que cuidar ni nada por lo que luchar (cosa que, nos guste o no, es parte intrínseca de la vida).

Aún me sigo preguntando qué clase de condición es esta. Cómo consigue sobrellevar una persona tanto despojamiento.

Hasta el día de hoy, cada vez que llegan a mis oídos palabras como «familia» u «hogar», contemplo de nuevo aquel furgón destartalado y mi yo de la niñez, con la mirada extraviada, plantado en lo alto del montoncito de carbón.

En condiciones así, nunca sería viable construir un auténtico hogar. Y, por si hubiera dudas al respecto, tan pronto como llegamos al pueblo de destino, volvimos a ser objeto de persecuciones y discriminación. En los tiempos que corren, solemos oír hablar de «emigración forzosa», pero el término suena demasiado académico. La realidad era más bien otra.

Mi padre sufría en plena calle persecuciones, insultos a voz en grito y palizas. Había quien le arrojaba basura e incluso tinta a la cara. Siempre se vio obligado a aceptar los empleos más jodidos, los más degradantes, como limpiar los baños públicos. Hablamos de retretes sumamente precarios, típicos de áreas rurales: cubículos sin agua ni papel; apenas barro y arena.

Todavía hoy sigo rememorando este universo hostil como si lo tuviera delante, y puedo oír con nitidez los alaridos y los improperios de aquellos pueblerinos. Esta temprana experiencia de vejaciones a diario me marcó profundamente. Tal vez por este motivo conozco bastante bien lo que se siente cuando eres un extraño, cuando tu entorno o la sociedad te perciben como una amenaza que deben combatir.

Pese a todo, por aquel entonces, no nos percibíamos a nosotros mismos como «refugiados» —y menos todavía en el sentido más romántico o heroico del término—. Simplemente nos tachaban de «enemigos del Estado» o de «enemigos del Pueblo». Carecíamos de estatus, y esta lacra podía agravarse mucho más todavía.

Comoquiera que fuera, había algo más importante: no teníamos una voz con la que poder decir «quiénes» eramos. Esto es algo que padecen también las personas desplazadas en los tiempos más recientes. De nuevo, se trata de una experiencia universal.

Con todo, lo más desconcertante, como si emanara de cierta lógica oscura, consiste en comprobar que tales mecanismos de exclusión no han cambiado ni un ápice, con independencia del tiempo o el lugar que analicemos. Primero, tomamos a un ser humano —que, hasta hace apenas un instante, era uno de nuestros congéneres— y empezamos a verlo como un elemento ajeno, como un bicho raro. Llegados a ese punto, basta un empujoncito para que lo percibamos como un peligro, como una amenaza para el resto de personas supuestamente «normales».

¡Qué poco hace falta para convencer a la amplia mayoría de que eres un intruso! Y, aun así, esta noción del pérfido forastero es una ficción que alguien se ha ocupado de pergeñar de antemano.

18

Y ese alguien puede ser cualquiera, incluidos tú y yo.

Esto es algo que siempre deberíamos recordar si queremos evitar caer de lleno en la trampa que nos tienden.

La exclusión, al igual que los frutos que emanan de ella, representa la fuente de odio por antonomasia en este mundo.

Nadie es inmune a esta regla: ni la víctima ni su agresor.

Tal clase de odio puede abatirse sobre cualquier ser humano por medio de la injuria o la difamación, que empiezan por socavar su reputación y acaban por arruinar su existencia. De algún modo, esta persona se va distanciando de la sociedad (y, en muchas ocasiones, también de su propia vida). En casos como este, palabras como «ayuda» o «solidaridad» son dones más escasos que las piedras preciosas.

Cualquier otro ser humano que te tienda la mano en un contexto así, o que se atreva siquiera a condolerse de ti, se expone a que lo tachen también de traidor y a que le impongan el mismo repudio.

Este mecanismo tal vez se remonte a tiempos inmemoriales, pero su valor no es meramente atávico: incluso en la vida moderna, o en la práctica política cotidiana de nuestras democracias, resurge una y otra vez, demostrando su poderosa eficacia.

Un mandatario político que se muestre excesivamente sensible a la suerte de los refugiados puede acabar convirtiéndose en una amenaza latente para sus compañeros, preocupados por ganarse el favor del electorado.

Todas estas experiencias me han venido acompañando desde el día en que nací hasta que cumplí veinte años. Fue entonces cuando mi padre recibió el indulto. A partir de ese momento, volvíamos a ser libres para regresar a Pekín. Pero todo cuanto había ocurrido me dejaría una huella indeleble para el resto de mis días. Y es que, en el fondo, desde el momento en que alguien se ve abocado al exilio, se convierte en refugiado de por vida. No importa si más tarde sus circunstancias mejoran y le dejan «reintegrarse».

Aún diría más: es posible que esta clase de cambio a mejor refuerce en su interior una convicción existencial: que es un advenedizo. Al menos, esto fue lo que me ocurrió a mí.

Precisamente por eso aproveché la ocasión al vuelo y me mudé a Estados Unidos. Allí dio comienzo un nuevo capítulo de mi vida como refugiado; como es lógico, ahora bajo otras premisas.

Habitar entre dos mundos trae consigo una impresión permanente de extrañeza. De encontrarte fuera de sitio.

No es una sensación cómoda ni tiene nada de liberadora. Más bien te despoja de cualquier seguridad y te impone una sensación constante: que entre ti y la sociedad, con su cultura, se ha abierto una enorme brecha. Y un simple cambio en tu circunstancia vital no bastará para tender un puente que salve este precipicio.

II. Mis motivos

Como es obvio, los sucesos que acabo de presentar han dejado su huella en mi arte. Pero, por irónico que parezca, tardé un tiempo en darme cuenta de ello. Hasta entonces, la única «experiencia» que estaba a mi alcance era la mía propia. Todavía no se me había presentado ninguna otra influencia, lo que me impedía hacerme cargo de cualquier otro punto de vista. Esto es algo que deben tener presente aquellos que, con suma altanería, reprochan a los refugiados su «inadaptación» cada vez que los ven malviviendo en cualquier parte.

Todo ser humano es hijo de su entorno. Desde este punto de vista, afortunado es aquel cuyo horizonte de posibilidades le permite crecer en el momento óptimo.

Mi vida es un claro ejemplo de ello. Antes incluso de que el Gobierno chino me encarcelase, a pesar de que ya era consciente del riesgo que corría, publiqué algunas notas en mi blog. Entre ellas, un texto acerca de la envidia.

A decir verdad, siempre he sentido envidia de mi padre por el hecho de que él fuera a la cárcel y yo no. Le envidiaba porque no me veía capaz de sobrevivir a una experiencia así, como él sí pudo hacer. He ahí el quid de la cuestión. Solo cuando aprendas a entender y gobernar tus sentimientos —entre ellos, los abismos del horror y el miedo— lograrás comprender qué nos hace de verdad humanos. Y entonces contemplarás, como si ante tus ojos cayera de repente un pesado telón, de qué pasta estás hecho; tú, pero también tus semejantes, lo que es igual de importante.

Para aprender a confiar en los demás, antes es imprescindible conocerse a uno mismo, pues solo así advertimos todo lo que nos une. No se trata, por desgracia, de una labor sencilla. Al fin y al cabo, nadie nos enseña a comprender al prójimo.

Quizá este sea el motivo por el que tan poca gente ha abordado de lleno la crisis de los refugiados. Pues ¿quién se tomaría las enormes molestias de visitar en persona unos cuarenta campos con el fin de entrevistar a unas seiscientas personas? Aun así, yo siento el vivo deseo de conocer a fondo las cosas que me interesan.

Ando en busca de nuevas experiencias, pretendo conectarlas con vivencias anteriores y, por encima de todo, trato de comprender. Pese a todo, no llamaría a esto «trabajo»; para mí, más bien, es la vida: ir en busca de respuestas que me ayuden a saber si hay algo que pueda hacer.

Algo se remueve en tu interior cuando miras a los ojos a un niño atenazado por el horror de la guerra o por un viaje en patera en el que se ha jugado la vida. Por lo que a mí respecta, la persona que soy hoy resulta inseparable del chiquillo de entonces que, a tierna edad, vivió lo que vivió en aquella aldea china. Fue allí, a raíz de aquellas vivencias tan decisivas, donde cobró forma mi visión del mundo.

La cuestión es, desde luego, cómo nos las apañamos para poner en palabras experiencias como esas. En mi caso, soy artista, no escritor. Durante mucho tiempo, he echado en falta la capacidad de transmitir verbalmente estos sentimientos de otredad, lo que, de nuevo, me vincula de lleno con el célebre «mutismo» de los refugiados actuales, con su silencio y sus dudas, cada vez que se ven acribillados a base de preguntas por parte de los gendarmes o de los periodistas.

Aprender a hablar lleva su tiempo y exige disponer de un espacio relajado, un lugar que permita observar desde fuera nuestras propias vivencias.

Solo cuando te hayas alejado de la inmediatez del acontecimiento en cuestión y hayas podido vivir otras muchas experiencias durante un tiempo suficiente, estarás preparado para expresar lo que sientes del modo adecuado. Esta es la razón por la que, en mi caso, tuve que aguardar hasta 2005 para empezar a escribir y publicar en Internet. Solo entonces estuve en disposición de recrear, poco a poco, todo cuanto había vivido. En aquel instante, me topé con algo nuevo: el discurso escrito.

¿Qué es el arte? Desde mi punto de vista, este concepto es sinónimo de experiencia asimilada.

Desde luego, esta noción puede adoptar formas muy diferentes; a menudo, es un proceso prolongado y tortuoso. En cualquier caso, todos mis esfuerzos han apuntado siempre en esta dirección. Caminan alineados. Recuerdan a lo que ocurre cuando intentas escalar una montaña o cruzar un río: tan solo conoces el trecho que ya has dejado a tu espalda.

¡Quién sabe si, en nuestros próximos pasos, nos aguarda un precipicio o una cascada! Sin duda, todo es posible, pero hasta ahora lo hemos ignorado. Y otro tanto ocurre con lo que pueda haber en la ladera opuesta de la montaña, incluso aunque acabemos de coronar la cima.

Por ende, no queda otra que seguir adelante, movidos por la curiosidad, por la sencilla razón de que tanto nuestras vidas individuales como el tiempo que el universo concede a nuestra especie se caracterizan por su extrema fugacidad.

Además, este periplo tampoco nos ofrece garantía alguna; estamos obligados a sobrellevarlo. La oportunidad, el riesgo o incluso el peligro forman parte de la vida y del arte. De hecho, no es posible separar una cosa de las otras.

Sé muy bien que, cuando insisto en que los derechos humanos gozan de un valor universal, esta convicción puede resultar, de entrada, un poco abstracta.

Sin embargo, ocurre precisamente al contrario. No hay nada más concreto que aceptar esta verdad tan sencilla: los derechos a los que me refiero son una expresión innata de las necesidades humanas. Al fin y al cabo, ¿a quién le gustaría vivir presa del miedo, ser objeto de torturas o sufrir un trato discriminatorio?

Lejos de reducirse a una mera «invención occidental», el problema de la dignidad humana y la protección de nuestros «derechos innatos» nos concierne a todos.

Es más, estas realidades nos protegen de los riesgos asociados a nuestra capacidad destructiva. Sin estos mecanismos protectores sería impensable hablar de sociedades libres, tal vez ni siquiera de sociedades estables. Algunos occidentales están convencidos de que todo esto solo vale para ellos. ¡Craso error! Estos hechos son tan ciertos en Europa como en Asia, Oriente Medio, África o América Latina.

Y, puesto que se aplican a todas las personas por igual, podemos afirmar que afectan a toda la humanidad.

Todas estas necesidades innatas —de equidad, justicia, libertad de expresión, realización personal— son mucho más antiguas que yo, y seguirán ahí el día que yo desaparezca.

En eso consiste, por tanto, su persistencia. Pero, al mismo tiempo, cada día de vida es distinto al anterior y nos depara nuevas experiencias, nuevas sensaciones. Y, como artista que soy, hago lo posible por expresar este hecho, con palabras o sin ellas.

Durante este proceso, los flujos de refugiados me han obligado a afrontar enormes desafíos. ¿Qué forma, qué lenguaje, qué género son los más adecuados para describir todo lo que hemos vivido durante este tiempo?

Por medio de las notas que publiqué en Internet, al igual que ocurre con mis instalaciones o con mi documental *Marea humana,* he probado toda clase de recursos para dar una respuesta al asunto. Y, aun así, sigo en la brecha.

Mientras todo esto sucede, mi entorno también se transforma. Sin ir más lejos, poco tiempo después de instalarme en Alemania, los periodistas locales empezaron a darse cuenta de que yo no era el héroe que se habían imaginado, sino un mero opositor a la dictadura. A partir de ese momento, apenas me prestaron atención en los medios.

Situaciones como esta encarnan un malentendido de lo más interesante: con qué frecuencia el mundo proyecta sobre ti algo que no eres o que, como mucho, solo eres en parte.

A decir verdad, aquello a lo que me opongo, aquello contra lo que lucho, trasciende con mucho cualquier simple dictadura. Doy la espalda a cualquier ideología que asfixie a la sociedad, desprecio la estupidez y la estrechez de miras. Y es que, desgraciadamente, estas calamidades también tienen validez universal.

III. ¿Por qué buscamos refugio?

La condición propia de los refugiados es una constante antropológica. Está más que demostrado que no ha existido jamás ni una sola sociedad que, llegado el momento, no se haya visto obligada a abandonar su tierra o que no haya surgido como consecuencia de un exilio.

La capacidad para adaptarnos a un entorno nuevo y para superar todas las dificultades que la humanidad se ha venido encontrando desde tiempos remotos es, seguramente, el rasgo más importante de nuestro desarrollo como individuos y como sociedad. De hecho, para ser precisos, lo que hacemos no consiste siempre en «huir», sino en «movernos». Lo que ocurre es que, a menudo, ambos verbos se solapan. Pero no nos dejemos llevar por el romanticismo, pues esta dinámica milenaria ha deparado, y lo sigue haciendo, guerras y deportaciones.

Pese a ello, comoquiera que se vea, la movilidad a la que me refiero —y, junto con ella, el surgimiento de la posibilidad de elegir— es inseparable, para bien o para mal, de la cultura humana. De nosotros depende decidir qué hacer con ella y establecer sus fronteras.

A tenor de todo esto, tendemos a olvidar demasiado rápido que las naciones son un concepto bastante reciente. Su aparición en la historia de la humanidad tuvo lugar, por decirlo así, antes de ayer. Esto las dota, a mis ojos, de un carácter precario y provisional. Visto así, cabe pensar que el mundo seguirá avanzando, sobre todo cuando si algo ha quedado claro desde hace tiempo es que las naciones no son necesariamente un fenómeno emancipador, sino que a menudo resultan destructivas y opresivas para sus habitantes.

Ahondemos un poco más al respecto.

Las dictaduras no son las únicas que operan de este modo. Cualquier Estado erigido sobre bases más o menos democrácticas acostumbra asimismo a cometer todo tipo de atrocidades a gran escala.

Si los Estados recurren a esta clase de dinámicas, es porque aspiran a dotarse de una serie de ventajas, no solo para sí mismos, sino también en perjuicio de Estados más débiles desde un punto de vista económico o democrático. Así pues, esta práctica no tiene tanto que ver con un ideal político, sino que es el resultado de esa tendencia humana que consiste en ver el mundo bajo la forma de presas y trofeos.

Desde este punto de vista, incluso las democracias aparentemente más legitimadas hunden sus raíces en la ley de la selva. Aun cuando sus engranajes funcionan en virtud de cierto orden y sofrenan los impulsos más bestiales de la gente, estos últimos acaban aflorando, para desgracia de muchas personas que viven en otros países.

En consecuencia, muchos de estos extranjeros desgraciados se agolpan hoy a las puertas de Occidente. Con esto no quiero dar a entender que los Estados occidentales sean los responsables de cualquier infortunio que se produzca en el mundo. Me limito a repetir una idea fundamental: los derechos humanos no admiten la parcialidad. Esto es precisamente lo que emparenta a todos los refugiados habidos y por haber: su aspiración a esos derechos básicos. Más aún: los conecta incluso con aquellos que no son refugiados, sean cuales sean las diferencias de índole nacional, religiosa, étnica, sexual o generacional que exista entre esas personas.

De nuestra sinceridad a la hora de admitir que todo ser humano goza de los mismos derechos desde el momento en que viene al mundo depende, en buena medida, la posibilidad de construir una sociedad pacífica. Por expresarlo de manera más sencilla, podríamos decir que, en casos como este, «todos salimos ganando».

Pero ¿qué hace falta para llevar a cabo algo tan beneficioso? Para empezar, tal vez debiéramos mandar al garete una serie de etiquetas que tan pésima influencia ejercen sobre nuestra forma de pensar o de actuar.

Y es que, sin más miramientos, tendemos a separar la masa de refugiados entre aquellos que huyen de alguna guerra o de la persecución y aquellos otros que abandonan, al parecer, sus hogares por motivos económicos. En el fondo, distinciones como esta tienen un sentido sumamente gratuito y acomodaticio. Y, por supuesto, casi siempre resultan imprecisas, pues ¡cuántas veces no ocurre que esa supuesta «migración económica» es el resultado de la opresión política!

Son la corrupción y la injusticia social las que la desencadenan, ya que nos conducen a la sensación —o, peor, nos abocan a la «experiencia»— de que nuestros derechos nos han sido arrebatados; de que no cabe albergar ni un ápice de esperanza en el progreso social.

Ante un panorama así, ¿cómo reacciona la gente? Tratando de proteger sus vidas y de buscar un porvenir mejor para sus hijos.

Expresémoslo por medio de una pregunta: ¿acaso es obligatorio que le caiga una bomba a tu casa para que tengas derecho a considerarte un refugiado «de verdad»?

Nadie en su sano juicio pensaría que es así. La guerra es, sencillamente, la fase más radical y dramática de la injusticia social, pero su infinidad de detonantes no son menos letales que ella.

He aquí una realidad que no deberíamos esconder bajo la alfombra. Entre otras cosas porque, hasta la fecha, el funcionamiento de nuestra vida política se ha basado en esa distinción tan arbitraria que hemos apuntado hace un momento y que, en el fondo, es una triquiñuela infame para eludir la responsabilidad o, en el mejor de los casos, una estupenda muestra de la pobreza que pueden alcanzar la imaginación y el conocimiento humanos.

Porque, seamos honestos: ¿a quién le gustaría pasar por el mal trago de decirle a sus hijos «tenemos que marcharnos» y llevárselos a cuestas? ¿Acaso no suceden estas cosas solo cuando padecemos las más terribles desgracias? Cuando te va bien la vida, no abandonas tu hogar.

¿Quién en sus cabales se atrevería a decir que los refugiados se embarcan en su arriesgado periplo, esperando llegar hasta nosotros, por puro capricho?

Si hiciéramos caso a ciertos políticos, todos esos refugiados en busca de protección serían o bien terroristas o, a lo sumo, indigentes y mendigos. En su empeño por rascar algunos votos, los políticos que emiten estos discursos solo fomentan el miedo y hacen daño a la sociedad.

A su vez, es probable que cualquier ser humano cargue en su fuero interno con un temor primordial a lo desconocido, un miedo que aspira a apaciguar. Precisamente por eso es tan importante abordar esta cuestión, reflexionar sobre ella. Y admitir que, por duro que parezca, siempre hemos sentido rencores y fobias hacia nuestros semejantes.

Si echamos un vistazo a la historia, pronto nos daremos cuenta de que abundan los ejemplos de personas que, al verle el rostro a la muerte, tan pronto se derrumbaban como derrochaban valentía. Eso por no hablar de los alardes de astucia propios de aquellos que intentan escapar de un infortunio. Al mismo tiempo, palabras como fronteras, muros, fosas o trincheras —como manifestaciones de la fuerza bruta, de algún modo prolongación de la guerra— también han estado siempre con nosotros.

Las fronteras encarnan nuestro rechazo, labrado en piedra, a hablar con el prójimo y ponernos en su piel. Precisamente por ese motivo, a menudo solo sirven para alimentar la ignorancia más supina y revelan nuestra inacapacidad para observar lo que sucede tras ellas.

China, sin ir más lejos, cuenta con la muralla más grande y más extensa de todos los tiempos. Su construcción corrió a cargo del primer emperador, Qin Shi Huang Di, cuyos poderes eran casi absolutos.

Desde un punto de vista puramente arquitectónico, la muralla sigue siendo hasta la fecha una obra impresionante. Y, aun así, en ningún momento de su dilatada historia impidió las invasiones extranjeras. Además, ha acabado restringiendo cada vez más su sentido hasta convertirse, casi en exclusiva, en un reclamo turístico para guías masivos y puestos de baratijas. Poco más.

En contraste con la situación actual de la muralla, la intención originaria del emperador —matener a raya a los pueblos ajenos al Imperio— resulta anacrónica. Me alegra insistir en esto: la muralla fracasó en su objetivo. Se mire como se mire, nunca funcionó.

Todo ese montón de rocas apiladas se suponía que debía protegernos frente a intrusos y conflictos. Pero, en realidad, ¿qué ha terminado pasando? Que la sangre no ha dejado de derramarse en incontables guerras, muchas de ellas desatadas dentro de nuestras fronteras. Desde este punto de vista, ¡qué ridículo es pensar que se puede contener la acción humana, en toda su ambivalencia, levantando simples obstáculos físicos! Esta idea constituye uno de los mayores malentendidos sobre la naturaleza humana. Es una mera excusa complaciente.

Entre tanto, Estados Unidos ha caído en su propia trampa y avanza a pasos agigantados hacia el abandono de su antiguo papel como imán para exiliados y la conversión de este país en una fortaleza. Esta parece, al menos, la intención del Gobierno actual, cuyas políticas rezuman por doquier una actitud esencialmente hostil hacia los refugiados.

Esta actitud no dará mucho de sí, pues, en el fondo, un pueblo consigue perdurar mientras se mantiene fiel a su propio carácter. Y sabemos que, por suerte, las corrientes migratorias y Estados Unidos mantienen, desde el comienzo, una relación simbiótica (si es que no se trata de fenómenos idénticos). Si tenemos en cuenta que todas las acciones que ejecuta un individuo o una sociedad en detrimento de su propia esencia están abocadas al fracaso, este último grito en la historia de la construcción de muros dará paso también a una gran desilusión. ¡Cuánta energía malgastada que podría haberse aprovechado para fines más benéficos y prometedores!

A pesar de lo anterior, no deja de ser cierto que las preocupaciones de la población local —descendientes, en mayor o menor grado, de otros refugiados e inmigrantes— también hay que tomárselas en serio. Pero, de nuevo, llegados a este punto, convendría que nuestras reflexiones demostraran amplitud de miras y una profundidad alejada de la histeria que practican nuestros líderes políticos.

Deberíamos preguntarnos: ¿qué significa, realmente, el concepto de «estabilidad»? ¿Es pura casualidad que las sociedades más dinámicas y prósperas definan este término como el reto que consiste en evitar un aumento excesivo de la brecha social? Al tratarse de una cuestión tan concreta, tendríamos que analizar cada caso por su cuenta. No obstante, cuando Estados como Corea del Norte, Rusia o Cuba apelan sin cesar a la «estabilidad», lo hacen en un sentido radicalmente distinto. Por ende, ¿qué ofrece más protección a una misma sociedad: endurecer sus fronteras o mostrarse más flexible?

A mi modo de ver, este ejemplo nos revela lo importante que es pensar, sopesar y comparar las cosas antes de lanzarnos a emplear palabras tan complejas.

Cuando contemplamos, sin más miramientos, a un supuesto extraño como si fuera una carga —o, peor todavía, como una amenaza—, lo único que conseguimos es paralizarnos; pues cualquier ser humano que haya sido capaz de afrontar el riesgo existencial que implica el exilio estará, a todas luces, preparado para asumir un papel dinámico en la sociedad que sea, siempre y cuando esta última también esté preparada para tenderle la mano y ofrecerle un futuro compartido.

Es más, la historia nos enseña otra lección: el carácter vitalista propio de los refugiados y los inmigrantes —tanto da si se trata de los hugonotes llegados a Alemania como de las poblaciones asiáticas o germánicas exiliadas en América— dota a estos grupos humanos de una mayor pujanza en el tejido social que la de otros colectivos más asentados que ellos.

Esta es una idea que conviene no olvidar, como si fuera un recurso de vuelta a la tradición en el sentido más sabio posible, pues solo así lograremos integrar y motivar del todo a estos grupos de personas en beneficio de toda la sociedad.

A la vista de todo lo anterior, ¿qué labor me corresponde a mí?

Trataré de formularla con cierta prudencia: mi labor consiste en crear un marco conceptual que trascienda los manidos surcos de la ideología y el resentimiento.

Un trabajo como este exige tiempo y necesita un lenguaje alejado del apremio y la normatividad, al igual que requiere confiar en las buenas intenciones de nuestros semejantes, sean estos quienes sean y con independencia de sus situaciones.

Además, debemos tener presente nuestra situación privilegiada.

A fin de cuentas, no todo el mundo tiene la fortuna de poder dedicar casi todo su tiempo a la contemplación.

De todo este proceso, sin embargo, lo que debería brotar no es tanto una compasión estéril sino un sentido concreto de la responsabilidad.

IV. Mi labor

Llevo años rodando documentales. Cuando estaba en China, mis trabajos giraban en torno a la injusticia social y, sin embargo, apenas consiguieron arañar la superficie de mis verdaderas inquietudes. Son las capas que hay debajo las que siempre me han estimulado. De ahí que pusiera en marcha un método de trabajo en virtud del cual me coloco en situaciones de entrada inhabituales para luego investigarlas y documentarlas. Lo que pretendo con ello es rozar la médula del asunto.

Mientras pueda mantener la mirada fija en el objetivo y mi mente sea capaz de formular preguntas, mi cámara no dejará de rodar.

Cada vez que me embarco en uno de mis proyectos, se presenta ante mí toda una serie de impedimentos técnicos y logísticos que debo solventar. Por ejemplo, hay que encontrar a las personas idóneas para montar el equipo; procurarse equipamiento;

reservar un lugar donde alojarse. Todo eso. Y, por encima de todo, tengo que mentalizarme para seguir adelante, rompiendo límites y atravesando fronteras, tanto geográficas como mentales. En el caso de mi obra *Marea humana,* tuve que superar un reto adicional: conseguir los permisos necesarios para acceder a los campos de refugiados. En todos los países y campos en los que trabajábamos hubo que pasar por el mismo proceso una y otra vez. Además, como la grabación se fue desarrollando en varios continentes, tuve que lidiar con todo un abanico de sistemas políticos. Por otra parte, si bien la burocracia fue siempre una constante, algunos de estos sitios entrañaban además un peligro para nuestra integridad física. Pues bien, incluso algo así lo acabas sobrellevando cuando no estás dispuesto a tirar la toalla.

O puede que haya un motivo todavía más importante: uno empieza a comprender que todos esos peligros son precisamente la verdadera razón por la cual decidí rodar esa película.

Como es obvio, jamás emprendí proyectos de esta índole sin preparación previa. Si actuaba así era, en el fondo, por respeto puro y duro. Allá por 2014, cuando aún vivía en China, empecé a investigar con la ayuda de unos cuantos compañeros. Varios asistentes de mi estudio volaron hasta Irak para visitar un campo de refugiados y hablar con aquellas personas. Mientras tanto, un organismo humanitario me pidió echar un vistazo a un puñado de dibujos procedentes de uno de estos campos.

A partir de ese momento, me puse a trabajar para montar un equipo con el que visitar lugares como aquellos y documentar todo lo que ocurría allí por medio de entrevistas. Al cabo de poco tiempo, recibí los visados para el viaje y pude salir de China.

Pero ¡vaya coincidencia! Esto ocurrió en el preciso momento en que más de un millón de refugiados se establecían en Alemania, con el visto bueno de las autoridades. Esto me brindaba una oportunidad inigualable: abordar el problema de un modo que hasta la fecha ni me había planteado.

De no haberme encontrado, por aquel entonces, residiendo en Berlín, nunca habría podido convivir tan intensamente con aquellas realidades e infortunios. Pues, por encima de todo, yo aspiraba a averiguar cuáles eran los motivos por los que aquellas personas habían abandonado —o «se habían visto obligadas» a abandonar— su patria. Pese a todo, siempre cabía preguntarse: con la de gente que hay en Alemania, ¿qué demonios lleva a un exiliado chino recién llegado al país a sacar el tema de los refugiados? Por culpa de este detalle, hubo algunos alemanes que se mostraron escépticos y recelosos conmigo. Se decían: ¿no estaremos, tal vez, ante un vendehúmos, ante alguien que solo aspira a hacerse el interesante?

Yo me mantuve impasible. Pero me hice una pregunta: si sus sospechas son ciertas, ¿cómo se explica entonces que ningún otro trepa hable de los refugiados para saltar a la fama? A fin de cuentas, ya entonces y hasta el día de hoy, nada me haría más feliz que observar cómo aumenta el interés de la gente por el tema.

En aquella época, mi pareja y el hijo que tenemos en común ya llevaban un tiempo viviendo en Alemania. La madre de un compañero del colegio de mi hijo, que era doctora, había prestado ayuda como voluntaria atendiendo a los refugiados que acababan de llegar. En cuanto pisé el país, me dije de inmediato: «Tú también tienes que ir a conocer a esta gente». Fue así como decidí que empezaría a rodar esa larga película documental que, años más tarde, en 2017, acabó encontrando su camino hasta las salas de cine bajo el título de *Marea humana,* con ciento cuarenta minutos de duración.

En el verano de 2015, viajamos a Lesbos. Nada más volver, mi cámara y yo nos pusimos a rodar —unas novecientas horas de grabaciones— y realizamos cientos de entrevistas, desde Myanmar en Oriente hasta México en Occidente; desde Kenia en el Sur hasta Berlín en el Norte. Visitamos cerca de cuarenta campos de refugiados, en todos los cuales se hacinaba una cantidad ingente de personas. Cuanto más aprendíamos sobre aquellos, con más claridad iba cobrando forma una cierta atmósfera.

Todas las historias individuales de aquella gente se parecían entre sí y se entrelazaban hasta conformar un único relato de enormes proporciones. Nuestra intención era entender el fenómeno, pues no cabía reducirlo a las adversidades de un niño pobre o de una familia necesitada, sino que se trataba de un proceso crucial en el curso de la historia humana. Ni más ni menos.

Así las cosas, decidí adoptar un enfoque global. Esta es la razón por la que, aparentemente, fuimos dando tumbos entre diferentes campos y por los distintos continentes. De acuerdo con los datos de la ONU, unos 70,8 millones de personas se encuentran hoy desplazadas, lo que representa una cifra sin precedentes.

Esto tiene un significado muy concreto: todas estas personas se han visto obligadas a abandonar sus hogares, subirse en pateras, surcar los mares y atravesar a pie —a veces, durante meses— desiertos y montañas, a menudo soportando las inclemencias del tiempo o entornos sociales abiertamente hostiles. Durante su periplo, han padecido en sus carnes los mayores sufrimientos y han visto morir a seres queridos delante de sus ojos. Esto es, precisamente, lo que yo quería conocer. Y, con esta idea en la cabeza, intenté aproximarme a las oleadas de refugiados desde dos ángulos: primero, desde arriba, con la ayuda de drones que grabaran los campos y las regiones en crisis; pero también desde abajo, como un simple observador que hace preguntas a estos desdichados y dedica su tiempo a hablar, comer… ¡e incluso bailar con ellos!

Así pues, demos un paso atrás y volvamos al inicio. Hasta Lesbos, la primera parada en mi andadura cinematográfica.

No hay ciudadano europeo al que no le suene el nombre de esta isla —en buena medida, por parentesco con Safo, la antigua poeta griega—. El territorio constituye una piedra angular en nuestra memoria social colectiva. Lesbos se encuentra ubicada frente a la actual Turquía, país que ha sido siempre otro puerto de entrada para los refugiados. En mi caso, sin embargo, como ciudadano chino, la isla me proporcionó una imagen impactante: contemplar cómo, en las inmediaciones de un lugar tan idílico, se arrojaban de sus diminutos botes cientos de seres humanos que intentaban, con la ayuda de muchos voluntarios, alcanzar la orilla. Eran refugiados que huían de la guerra civil siria.

Cuando has tenido esto delante de tus ojos —es decir, cuando no cabe negar que lo que acabas de ver ha dejado una marca en tu ser y constituido una experiencia indeleble—, algo te queda claro: los populistas xenófobos podrán decir lo que quieran, pero cuando una persona deja atrás su tierra para subirse a esos barcos, huyendo de las guerras, destrucciones y masacres, tan solo desea una cosa: sobrevivir. Y, si es posible, disfrutar de un ápice de seguridad. Pese a todo, quizá estas necesidades de tipo existencial den pábulo a una ilusión: que Europa, sin ir más lejos, ese continente de abundancia, libertad y democracia, les hará un hueco y les permitirá labrarse una nueva vida allí.

Por desgracia, la realidad no puede ser más distinta. Hasta el día de hoy, los campos de Lesbos se caracterizan por el hacinamiento, al tiempo que Europa maltrata a estos refugiados y hace todo lo posible por quitárselos de en medio y enviarlos de vuelta a Turquía. Así, estos seres humanos, que anhelaban escapar de la guerra y encontrar en Europa un futuro de paz, deben hacer frente a las «deportaciones». Y eso que aquí me limito a relatar lo que sucede en Lesbos, pero otro tanto sucede en la isla de Lampedusa, en la costa de Italia. Por no hablar de los miles de africanos que pierden la vida en el Mediterráneo.

Como ser humano, como ciudadano, pero también como artista, tengo la obligación de preguntarme cómo debo lidiar con semejante experiencia de sufrimiento. Cómo podría transmitir a mis contemporáneos algo decisivo y nítido sobre lo que he visto.

Lamentablemente, vivimos en una época de ritmos vertiginosos, en la que cada noticia queda sepultada un instante después por la siguiente; y eso si se trata acaso de noticias y no de meros bulos o vagas impresiones. Por culpa de esta deriva, nuestra mente y nuestras tripas se han ido embruteciendo hasta hacer de nosotros unos seres cada vez más insensibles a las desgracias de nuestros semejantes.

Pese a todo, no podemos permitirnos el lujo de bajar los brazos y perder la fe en la verdad. Precisamente porque sabemos hasta qué punto se manipulan los hechos y cómo, incluso en el seno de las sociedades democráticas, abundan las mentiras descaradas, debemos seguir poniendo los puntos sobre las íes. No ceder ni un palmo de terreno. Tratar de dar ejemplo con nuestro comportamiento, cada cual en la medida de sus posibilidades.

Una vez más, se trata de un camino que nos enseñará algo sobre nosotros mismos. Pensemos, por ejemplo, en los campos de refugiados. ¿No parecen, de algún modo, una muestra en miniatura de nuestras sociedades? ¿Acaso no nos muestran a las claras cómo entendemos al prójimo y valoramos su vida? He aquí el motivo por el que decidí, con toda la intención, utilizar drones durante mis grabaciones: con el fin de ofrecer una perspectiva aérea que diera cuenta de nuestra obsesión por formarnos «una visión de conjunto».

A partir de ahí, me lancé de lleno a trabajar con la gente que había «dentro» de los campos, resguardados en las tiendas de campaña cuyas lonas había desgarrado el viento. O con aquellos que dormían ovillados en el suelo, a la intemperie, a pesar de que la lluvia, el temporal y la insoportable falta de higiene habían hecho del terreno un cenagal, e incluso un estercolero.

El problema de la perspectiva no es, en modo alguno, un mero detalle técnico. Cada vez que trabajo, me veo en la necesidad de preguntarme cuál es el camino más directo a la verdad —o a la realidad, si se prefiere— y qué posibilidades me ofrece. Nunca es suficiente con «echarle una ojeada» a las cosas, pues, para contar a otros aquello que hemos visto, es preciso elaborar un relato que sea claro y razonable.

En este sentido, creo que los artistas estamos en una posición más adecuada que los periodistas, forzados, bajo la enorme presión de los plazos de entrega, a suministrar «imágenes certeras» junto con unos breves comentarios.

Pondré un ejemplo: a finales de febrero de 2016, viajé con mi equipo hasta Idomeni, el abyecto campo situado en la frontera entre Grecia y Macedonia del Norte. En sus instalaciones, cerca de catorce mil personas languidecían en medio del gélido barrizal. Mientras, centenares de corresponsales enviados por medios de todo el mundo se habían instalado allí. De hecho, ¡se habían congregado tantos reporteros que ya eran noticia por sí solos! La absurda situación merecía un reportaje, pues, aunque con un pie pisaban aquel lodo, el otro seguía anclado en el vestíbulo de sus empresas.

Desde este punto de vista, no es fácil saber si la información y las voces que estos periodistas pudieran «capturar» en Idomeni servirían realmente para promover la conciencia social entre sus espectadores.

Con el debido respeto hacia estos profesionales, yo tenía —y tengo aún— serias dudas al respecto. Su manera de abordar el asunto era muy superficial y, con frecuencia, omitía un trasfondo de información importante. Evitaban hablar de las causas que habían empujado a huir a aquellos refugiados y, debido al laconismo con que los trataban, todas sus tragedias se acababan pareciendo. No obstante, debo decir también que no vi a nadie difundir mentiras y que muchos de estos medios demostraron grandes dosis de empatía.

Sea como fuere, terminó ocurriendo lo de siempre: los reportajes que se fueron publicando o bien eran más extensos de la cuenta y, por tanto, a los dos días resultaban tediosos, o bien no decían gran cosa. Fue así como me di cuenta de que estas publicaciones me cortaban las alas. Imponían una suerte de parálisis. A pesar de sus buenas intenciones, encarnaban la impotencia colectiva propia de la modernidad mediática. O, tal vez, eran trabajos bastante menos modernos de lo que nos gustaría.

Así pues, en Idomeni, me propuse tomar otro camino.

Nuestra aspiración era registrar historias sinceras y personales, no caer en tópicos intercambiables.

Con este propósito, resolvimos que unos diez o quince miembros de mi equipo se quedaran en el campo durante varios meses hasta que se desmontaran las instalaciones. De hecho, se quedarían incluso hasta que el último objeto dejado en el campo se limpiara y se tirase a la basura.

Muchos de estos objetos-escombro los fuimos recogiendo y, tras lavarlos, acabamos exponiéndolos. No en vano, hasta los artículos inanimados, como las prendas de ropa, los zapatos y las sábanas, tienen mucho que decirnos, pues evocan el carácter desvalido de la vida humana. Nos invitan a detenernos un momento.

V. Mi síntesis

Soy consciente de que mis actividades y representaciones pueden parecer, a veces, algo irrisorias o cómicas. Pero puedo asegurar que mi interés es sincero, y no una mera pose o una actitud hipócrita. Mi producción no es la de un historiador desapegado, sino la obra de un artista, la de un hombre de carne y hueso. Lo único que deseo es estudiar de cerca cuanto me preocupa y crear algo con ello.

En el mundo del teatro, es muy conocida la figura del bufón, cuya labor consiste en hacer reír al rey. Esa estrafalaria figura se encarga de comentar algún acontecimiento cuyo efecto sobre el público, bajo un marco distinto, podría ser excesivo. Gracias a este figurante, la audiencia reanuda tan campante el argumento central de la obra. Por lo que a mí respecta, si hay algo que me importa por encima de todo son los seres humanos y su naturaleza. Desde la más tierna infancia, he podido comprobar la capacidad que tenemos las personas para cometer atrocidades. Pero también entendí que el mundo no acaba ahí. Que es preciso abrir la mente e impedir que tu concepción del mundo te nuble la vista.

Desde muy joven, también he podido disfrutar —como hago hasta el día de hoy— de lo dispuesta que se mostraba la gente a relatarme su historia, con el fin de mirarse desde fuera y mostrarse tal y como es. ¡Y esto siempre me ha ocurrido de forma natural, sin manipular a nadie! No creo que exista nada más inspirador pues, en un proceso como este, es mucho lo que se aprende.

Al fin y al cabo, yo no soy mejor ni me diferencio en nada de todas esas personas que viven en el exilio. Más bien soy uno de ellos. Esto es lo que intento transmitir. Esa misma pequeñez y vulnerabilidad que me emparenta con ellos en todo momento.

Al escribir estas líneas tengo más de sesenta años, de modo que mi vida podría llegar a su fin el día menos pensado. ¡Quién sabe si mañana no me habré ido al otro barrio! Esta idea, por supuesto, me da bastante miedo, como a todo el mundo. Soy tan vulnerable como el resto. Por qué hemos venido al mundo y cuándo lo dejaremos son los mayores misterios de nuestra existencia. Así que me limito a disfrutar de la vida en todo su esplendor, igual que hacen los demás.

Pero hay algo que siempre está en nuestra mano: compartir con los demás el cariño y la pasión que llevamos dentro.

Dejando a un lado la esfera privada, el arte es el campo por antonomasia que permite conmover y transformar a personas supuestamente extrañas entre sí. De hecho, es capaz incluso de hermanarlas. Por eso, como artista, debo trabajar con todos mis sentidos.

Ante el reto tan enorme que tengo por delante, no me queda más remedio que desarrollar mi propio lenguaje. Cometería un error si, en lugar de actuar así, optara, supongamos, por aprovechar el éxito de Alberto Giacometti y me pusiera a fabricar sus esbeltas esculturas solo con la excusa de que se venden bien.

Cada artista redefine por su cuenta los medios y las formas de expresión. De ahí que el arte sea siempre tan valioso, pero también tan frágil.

Los artistas rompemos ciertas barreras con tal de encontrar nuestro propio lenguaje.

Es un hecho incuestionable que el mundo se compone de individuos. Lo que me invita a pensar que el arte puede cambiar el mundo.

Cuando los seres humanos nos permitimos soñar y echamos mano de nuestra imaginación, todo puede suceder.

El arte es trascendental por la sencilla razón de que apunta por igual tanto a quien se beneficia como a quien paga los platos de una norma cualquiera. A fin de cuentas, toda directriz política perjudica o favorece a personas concretas, no a la multitud abstracta que estudian los demógrafos.

Si nos convencemos de que, en lo más hondo de cada ser humano, hay lugar para la sinceridad, la amistad y la empatía, entonces el arte contribuirá a iluminar el rasgo más valioso de la vida: nuestra fragilidad. De ahí que mi trabajo con los refugiados no esté limitado a una única película. Toda mi obra gira en torno a ellos.

¿A qué se debe esto? Al convencimiento de que debo transmitir a otros seres humanos mi idea de humanidad, por endeble que esta sea. Y, por encima de todo, se debe a mi deseo de dar voz a estas personas que malviven en los campos y en las tiendas de campaña sin que nadie les ofrezca ni una taza de té. Confío en que mi labor les insufle un poquito de esperanza.

A la luz de todo esto, hablemos alto y claro: todo artista que renuncia al activismo no es sino un mal artista. El arte consiste en fijar valores, en crear significados. Si lo que está en juego es desmontar prejuicios y cambiar mentalidades, el activismo y la práctica artística van siempre de la mano.

La triste deriva de los refugiados siempre podría servirnos como un acicate civilizatorio. Ámbitos como el pensamiento, la música, las artes o la literatura saldrían ganando si abrazásemos esta idea. Nuestra vida recobraría el colorido si emulara los pasos de esa *Marea humana:* poner en movimiento a toda la sociedad y restaurar nuestro interés por las cosas.

Por eso, para mí, todo lo que sucede últimamente en el mundo no es ningún apocalipsis —como se empeñan en lamentar a diario los xenófobos de todos los países—, sino el libre flujo de una corriente profundamente humana.

Desde los albores de la humanidad, las personas siempre hemos huido. Y este movimiento es tan natural como el rumor del agua, el soplido del viento o el ondular de la hierba.

Con esto no pretendo romantizar las cosas. Al fin y al cabo, incluso el agua o el viento pueden mostrarse inclementes y aniquiladores. Tal y como sucede con los seres humanos, que estamos destrozando nuestro entorno con una furia suicida.

De ahí que comprenda también el otro punto de vista. Cuando vives en una espléndida casa con un precioso jardín y, de golpe y porrazo, ves que en la puerta de al lado se instala un extranjero, y luego otro, y después otro más —cuyos familiares, previsiblemente, se les unirán pronto—, es normal que te asustes. Todos somos personas, seres de lo más pragmáticos.

Son nuestras necesidades las que han dado lugar a nuestras convicciones religiosas y morales, a nuestro concepto del mal o a nuestra idea de Dios.

Todo esto tiene que ver con el modo en que pensamos y actuamos los seres humanos. Alemania, por ejemplo, goza de buena reputación en un sentido moral gracias a su compromiso con la historia y a que ha sabido asumir su responsabilidad con respecto a la Segunda Guerra Mundial. En otras palabras: se ha acreditado como un país responsable y de sólidos principios.

Pero ¿en qué se basa dicha solidez? En que los alemanes, una vez acabada la guerra, se dieron cuenta mayoritariamente de que debían reinventarse. Entendieron que Alemania tenía que pasar página. Durante un tiempo, Angela Merkel se posicionó en el lado correcto de la historia, según lo formuló el presidente estadounidense Barack Obama. Y, aun así, la admisión al país de tantos refugiados no fue una simple muestra de filantropía.

Después de todo, Alemania es la fuerza motriz que sostiene la idea de una Europa unida, así que, en realidad, el país no tenía más remedio que actuar como lo hizo. Además, los refugiados ya habían llegado a Europa. Otros países, como Grecia o Italia, ya habían sobrepasado su capacidad de acoger a más gente, así que el continente mostraba unas fracturas por culpa de este tema como no se habían visto en mucho tiempo. A este respecto, es comprensible que los alemanes sintieran tanto alivio en cuanto se alcanzó el apresurado acuerdo con Turquía. A partir de ese momento, ningún país europeo tenía la obligación de cargar con el problema en solitario, lo que habría acarreado un montón de problemas políticos.

Por desgracia, esto no significa que hayamos avanzado en un sentido histórico más amplio.

Las preguntas de siempre permanecen intactas: ¿De qué «solución» hablamos y para quién es válida? ¿Solo para Alemania? ¿O también para Europa? ¿Y qué ocurre entonces con el resto del mundo? ¿Debemos conformarnos con la propuesta sensata que encuentren los alemanes por su cuenta? Por supuesto que no. Países como Rusia, China y otras tantas naciones destacadas tienen mucho que decir al respecto.

Lo que necesitamos es una hoja de ruta realmente visionaria, pues cada quien puede aportar su granito de arena: decidir si abre los brazos a estos refugiados o les da con la puerta en las narices. Siempre podemos elegir. Valga, por lo tanto, este humilde alegato para que aprendamos de una vez a confiar en los demás y le devolvamos la dignidad a estas personas.

Las fronteras también han sido creadas para que las borremos.

Como artista, no paro de chocarme de bruces contra ellas. Son muchas las barreras estéticas, filosóficas e incluso sociales que limitan mi trabajo. Por eso me veo obligado a cuestionarlas, así como a ponerme yo mismo en entredicho. Todo esto, por supuesto, supone un reto mayúsculo y me conduce a menudo a la desesperación. Pero no me queda otra que afrontarlo. De lo contrario, sentiría que me he dado por vencido.

Además, si lo hiciera, ¿qué iba a pensar mi hijo de mí? Me gustaría que recordara a su padre como un luchador que no renunció nunca a sus ideas.

El día que conseguí terminar mi película, me asaltó la pregunta: ¿qué voy a hacer ahora? Tenía la sensación de quedarme de nuevo con las manos vacías. Pero entonces me dije: limítate a recordarle a la gente que piense en los refugiados de vez en cuando. Pues lo que estas personas necesitan con la máxima urgencia no es dinero, sino que los traten como a seres humanos. Ese mínimo respeto se consigue con muy poco: desde un breve reportaje en los medios hasta un simple consejo: «Hijo mío, acábate la comida. No olvides que, en el mundo, hay más de setenta millones de personas que hoy no tendrán nada que llevarse a la boca».

No permitamos que el cinismo nos ciegue. Siempre estará a tu alcance empuñar ese farol que nos muestre el camino. Bajo esa nueva luz, pronto descubriremos lo entrelazadas que están tantas ideas y decisiones que creíamos aisladas.

Si mis humildes palabras permitieran, por lo menos, rozar la fibra adecuada que avive nuestras conciencias, me daré por satisfecho. El presente *Manifiesto sin fronteras* habrá tenido un sentido.

Índice

«E il naufragar m'è dolce in questo mare»